There's some - thing a - bout _____ you, _____ it's just the way _____ you move, _____

the way you _____ move _____ me. _____

Yeah,

Yeah,

I'm so good _____ at _____ for - get - ting,

should have smiled _____ in _____ that pic - ture,

and I _____ quit _____ ev - er - y game _____ I _____ play. _____

if it's _____ the _____ last thing I'll see _____ of _____ you.

4

But for - give   me, ____   love. ____
It's the least   that ____   you

1.
I can't turn and walk __ a - way ____   this __ way. ____

Bigger Than My Body

Words and Music by
John Mayer

11

14

Clarity

Words and Music by
John Mayer

ry I throw my fear around. But this

morn - ing there's a calm I can't ex - plain.

The rock can - dy's melt - ed, on - ly dia - monds now re - main. Ooh,

ooh, ooh, ooh.

17

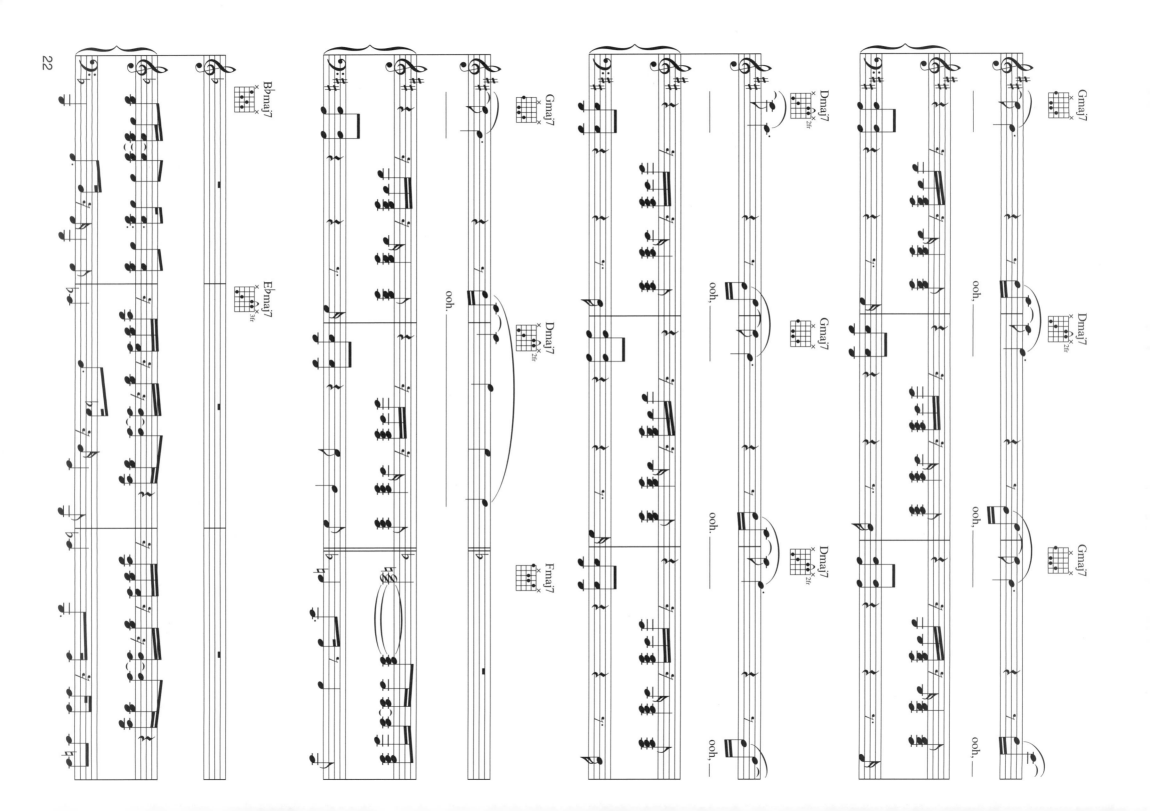

And I ___ will wait ___ to find ___

if this ___ will last ___ for - ev - er. ___

that it   won't   and it   won't,   and it   won't. _

Ooh,   ha,   ha,   ha,

ha,   ha,   ha,   ha,

ha,   ha,   ooh,   ooh.

Repeat and fade

Vocal ad lib till end

26

Come Back to Bed

Words and Music by
John Mayer

Comfortable

Words and Music by
John Mayer and Clay Cook

35

She thinks I can't see the smile that she's fak - in' and pos - es for pic - tures that aren't _

_ be - ing tak - en. I loved you;

gray sweat pants, no

Daughters

Words and Music by
John Mayer

I'm start-ing to see may-be it's __ got __ noth-ing to do with me. ____

1. Fa thers,
2. 3. fa-thers, } be good __ to your daugh - ters.

Daugh - ters will love __ like you do. __

Girls be - come __ lov - ers who turn in - to moth-ers. __ So

43

walk - ing a - way. Now she's left clean - ing up the mess he

D.S. al Coda I   Coda I

made. ___   So   Boys _____ you can break. ___

___   You'll find out how much ___ they can take. ___

___   Boys will be strong, ___   and boys sol - dier on, ___

44

Dreaming with a Broken Heart

Words and Music by
John Mayer

and for a mo-ment, you _____ can hard-ly breathe, _____ won-der-ing,

was she _____ real-ly here? _____ Is she stand-ing _____ in my room? _____

_____ No, she's not, 'cause she's gone, gone, gone, gone,

gone.

When you're dream-ing with __ a bro - ken heart, ____

the giv - ing up ____ is the hard - est part. __

She takes you in ____ with her cry - ing eyes, ____

then all at once __ you have to say good - bye, ____ won - der - ing,

could you   stay, _____ my   love? _____   And will you

wake   up _____ by   my   side? _____   No, she

can't,   'cause she's gone,   gone,   gone,   gone,   gone.

50

Friends, Lovers or Nothing

Words and Music by
John Mayer

54

we'll be dream - ing ways_ to keep_ the good a - live._

On - ly when_ we want_ is not_ to com - pro - mise,_

I'd be pour - ing tears_ in - to_ your dy - ing eyes._

Friends, lov - ers_ or noth - ing;_

We'll nev-

er be ___ the in - be - tween, ___ so give it up. ___

Gravity

Words and Music by
John Mayer

and grav - i - ty _____ wants to bring me

down. Oh, I'll nev - er know what
Oh, twice as much ain't

makes this man, with all the love that his
twice as good and can't sus - tain like

heart can stand, dream of ways _____ to
one - half could. It's want - ing more _____ that's gon - na

63

throw it all a - way. ___
send me to my knees. ___

Woh, woh. ___

Oh, ___

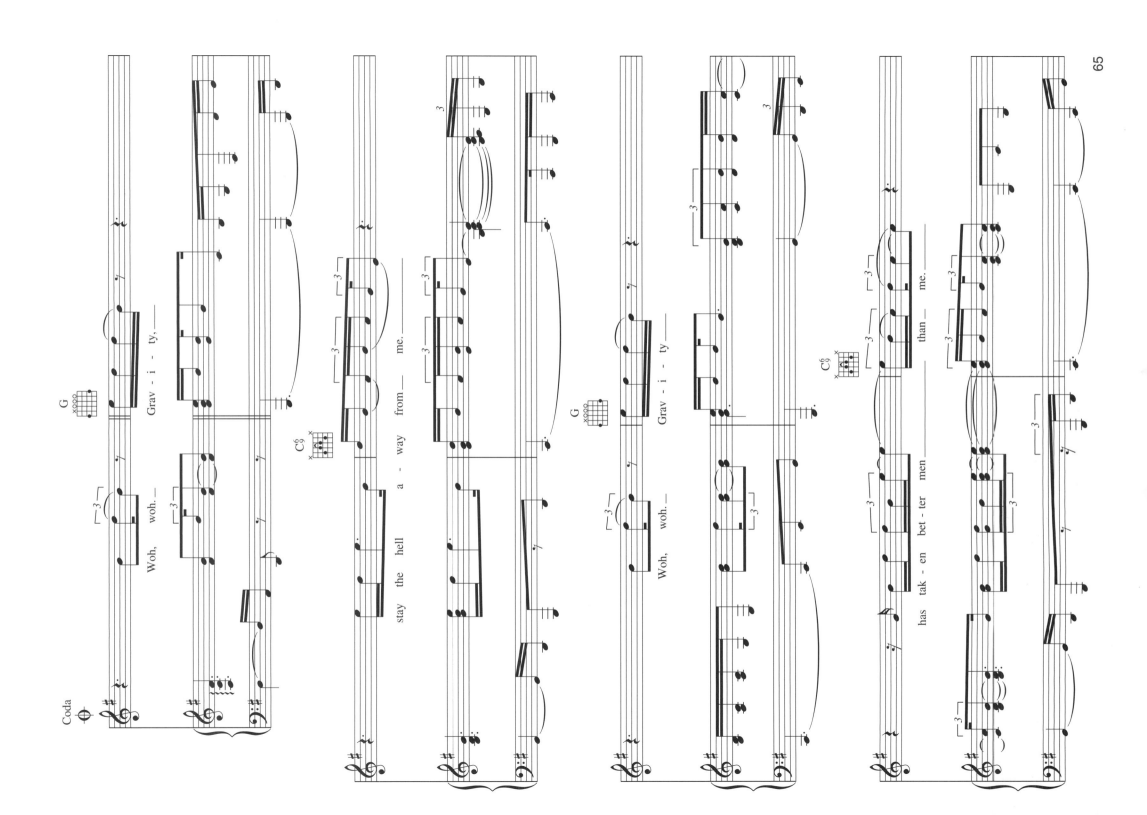

65

Half of My Heart

Words and Music by
John Mayer

I was born _____ in the arms _____ of i - mag - i - nar - y _____

I was made _____ to be - lieve _____ I'd nev - er love _____ some - bod - y _____

68

With half of my heart. _____

Your faith _____ is strong _____ but I can

on- ly fall short for so long. Down the road, _____ lat- er on, _____

70

The Heart of Life

Words and Music by
John Mayer

Moderately, in 2

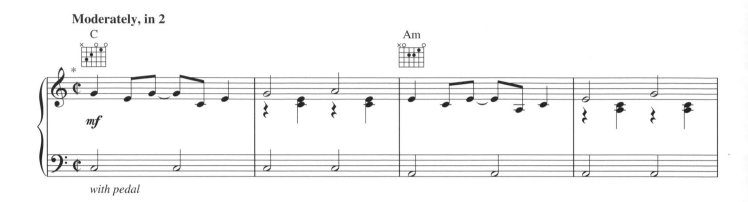

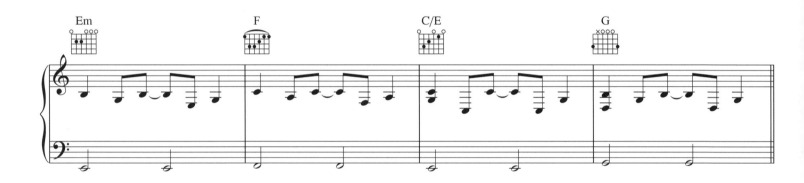

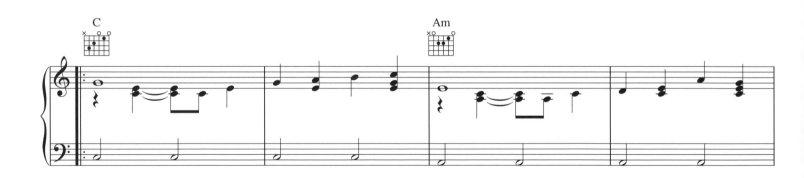

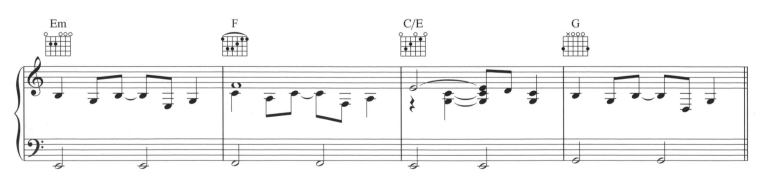

*Recorded a half step higher.

Pain throws _ your heart to ___ the ground.

Love turns _ the whole thing _ a - round.

No, it ___ won't all go ___ the way it should, but I

know ___ the heart of life ___ is good.

Pain throws __ your heart __ to the ground. __

Love turns __ the whole __ thing a - round. __

Fear is ___ a friend who's ___ mis-

un - der - stood, but I know _____ the heart of

life _____ is good. I know it's good. ____

Repeat and fade

Heartbreak Warfare

Words and Music by
John Mayer

Dream of ways ___ to make ___ you un - der - stand ___ my
Watch my face ___ as I ___ pre - tend ___ to feel ___ no ___

Play 1st time only

___ pain. _____

Play 2nd time only

___ pain, pain, pain. _____

Clouds of sul - fur in ___ the air, _____ bombs are fall - ing ev - 'ry - where; ___ it's

heart - break __ war - fare. __

Once you want it to __ be - gin, __ no one real - ly ev - er wins __ in

heart - break __ war - fare. If you want __

__ more love, __ why don't you say __

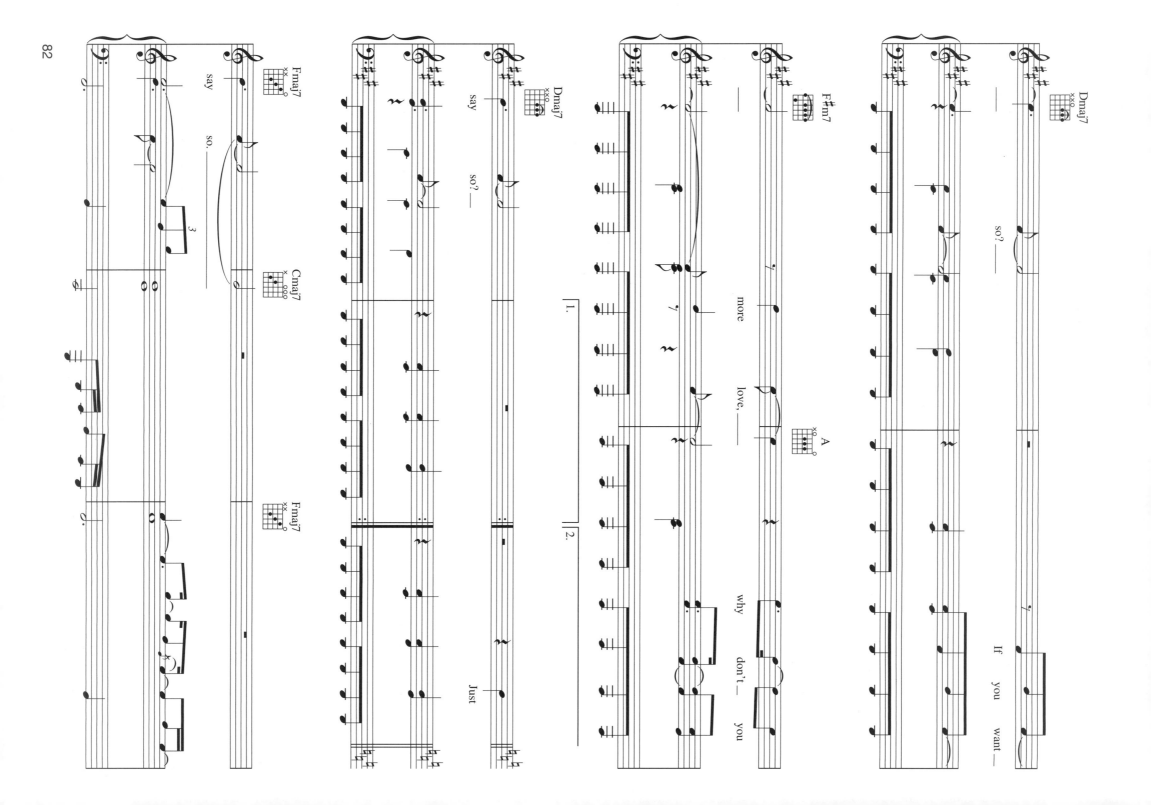

How come the on - ly way to know _____ how high ___ you get me ___ is to

see how far _____ I fall? _____

God on-ly knows____ how much I'd love____ you if you let me,____ but I can't break____ through____ it all._____ It's a heart,_____ heart - break.

It's

heart - break __ war - fare. __

It's

Repeat and fade

heart - break __ war - fare. __

Love Soon

Words and Music by
John Mayer and Clay Cook

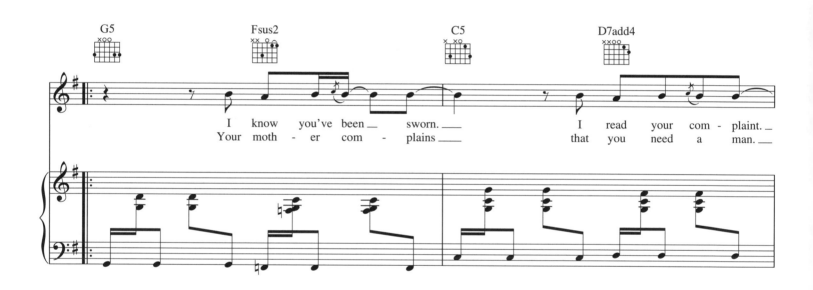

I know you've been sworn. I read your com-plaint.
Your moth-er com-plains that you need a man.

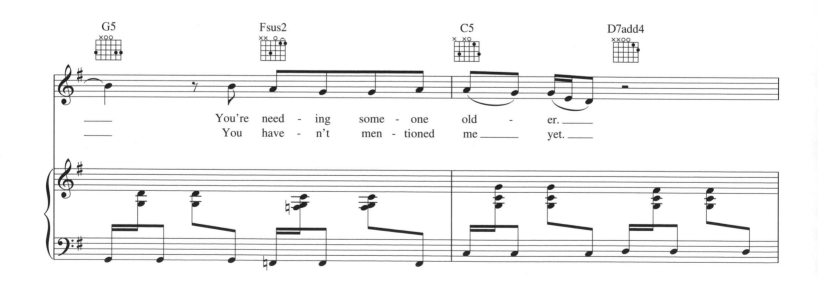

You're need-ing some-one old-er.
You have-n't men-tioned me yet.

Close your mind and waste some time if you have to. I'm call - ing it love soon. __

It's not _____ a - bout _____ you now; _____

it's what __ we are. _____

It's what __ we are. ___

Let's by-pass the bull-shit and move on be-cause the

min-ute hand __ moves fast-er than you think __ it does. __

And by no fault of yours __ and by __ no fault __ of mine, ___ the

bot - tom line __ is lay - ing in __ the bed that we've __ been play - ing in __ to -

night. _____

We've been play-ing in to - night. __

I'm call - ing it love soon.

My Stupid Mouth

Words and Music by
John Mayer

Neon

Words by John Mayer

Music by John Mayer
and Clay Cook

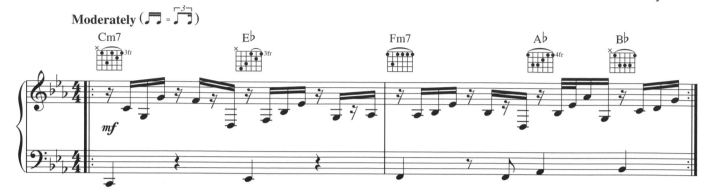

When sky blue _____ gets dark _____ e - nough _

to see the col - ors of   the cit - y lights, _____

From mixed drinks to tech-no beats it's al - ways

heav - y in - to ev - 'ry - thing. She comes

and goes and comes and goes like no one can.

She comes and goes and no

one knows _ she's slip - ping through _ my hands. _

She's al - ways buzz - ing just _ like ne - on, _____ ne - on.

Ne - on, _____ ne - on. _

Who knows _____ how long, _

how long, ___ how long ___ she can go be-fore she burns ___ a - way? ___

I can't be ___ her an - gel now. ___ You know it's ___

not my place to hold her down. And it's

hard for me to take a stand when I would

take her an-y-way I can. She comes

and she goes like no

111

She comes ___ ___ and ___ she goes ___ like no ___ one ___ can. ___

No Such Thing

Words by John Mayer

Music by
John Mayer and Clay Cook

nev - er lived the dreams of the prom ____ kings ____ and the dra - ma queens. _ I'd like to think the

best of me ____ is still hid - ing up my ___ sleeve. ____ They

love to tell you "Stay in - side the lines." ____

____ But some - thing's bet - ter

on the oth - er ___ side. ___ I wan - na run ___

___ through the halls ___ of my high ___ school. I wan - na scream ___ at the top of my lungs. ___

___ I just found out ___ there's no such thing as the real ___ world. Just a lie ___

To Codas I and II

___ you've got to rise ___ a - bove. ___ So the good ___ boys and girls ___ take the

I wan - na run ___

I just can't wait ___ till my ten - year re - un - ion. ___ I'm gon - na bust ___

down the dou - ble doors. _____ And when I stand _____ on _____ these ta - bles be -

fore you, _____ you will know _____ what all this time was _____ for.

with pedal

Say

Words and Music by
John Mayer

to say. ___ Say what you need ___ to say. ___ Say what you need ___

to say. ___ Say what you need ___ to say. ___

Walk-ing like a one-man ar - my,

fight-ing with the shad - ows ___ in ___ your head. ___

and your faith is bro - ken; e - ven as the

eyes are clos - ing, do it with a

heart wide o - pen. Say what you need ____

_____ to say. _____ Say what you need ____ to say. Say what you need ____

128

Slow Dancing in a Burning Room

Words and Music by
John Mayer

It's not a

Play 1st time only

Victoria

Words and Music by
John Mayer

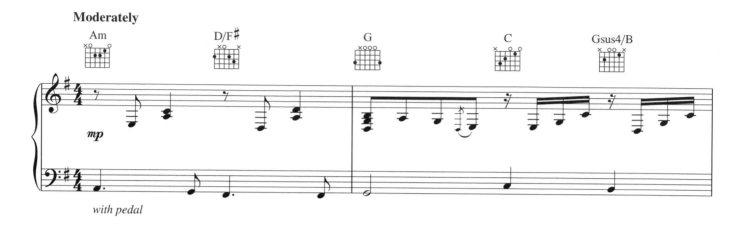

Don't know why ___ To - ri came by, ___

but I could see ____ by the look in her eyes _____

To - ri'd been driv - ing 'round the town for a while, __

play - ing with the thought of leav - ing.

Don't know why, __ but To - ri just smiled _____

and men - tioned some - thing a - bout how you were right. _____

It must have been hard to see through the tears ____ she was hid -

ing. She said, "I might not be see - ing him soon. ____

_____ I've got a few things I've been wait - ing to do." ____

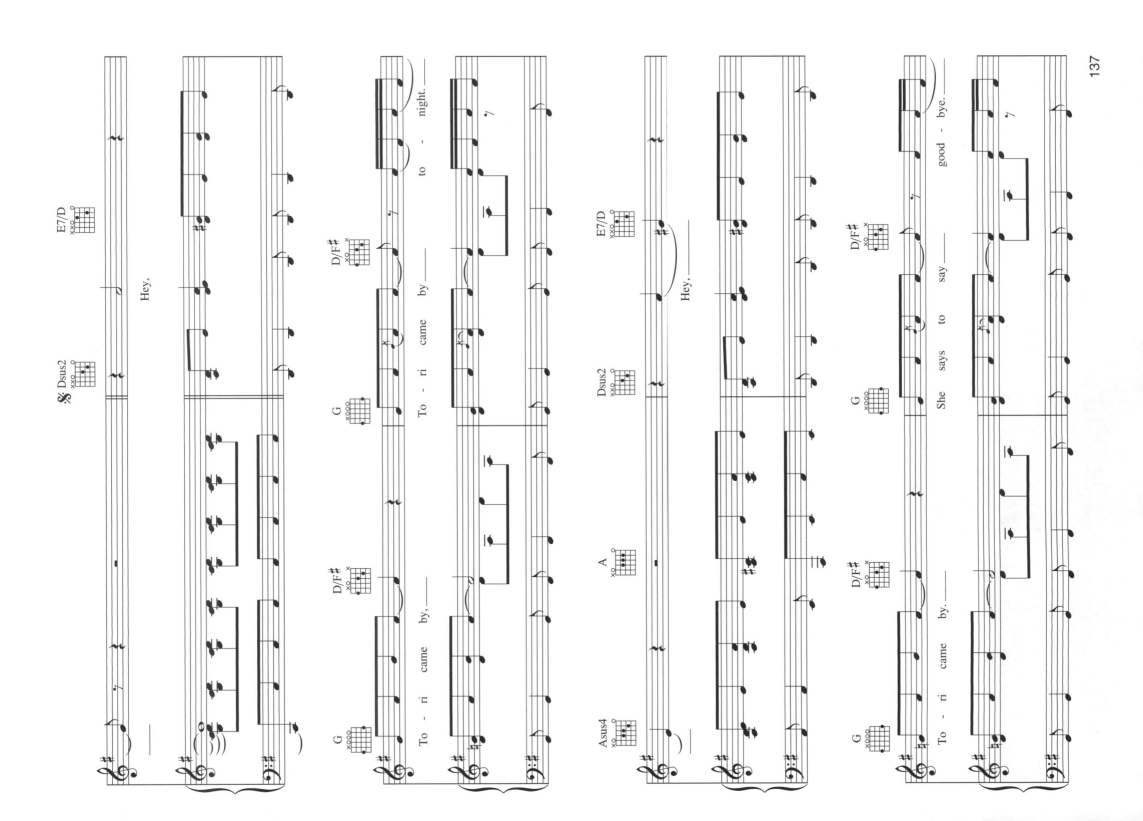

Waiting on the World to Change

Words and Music by
John Mayer

Me and all my friends, __ we're all __ mis - un - der - stood. __ They

if we had the pow - er to bring our neigh - bors home __ from war, __ they would have

say we stand for noth - ing and __ there's no way we ev - er could. Now we see

nev - er missed a Christ - mas; __ no more rib - bons on their door. And when you

141

ev - 'ry - thing that's go - ing wrong _ with the world and those _ who lead it. We just
trust your tel - e - vi - sion, what you get is what _ you got. 'Cause when they

To Coda I

feel like we don't have _ the means _ to rise a - bove _ and beat it. So we keep
own the in - for - ma - tion, oh, _ they can

wait - ing (wait - ing), _ wait - ing on the world _ to change. We keep on

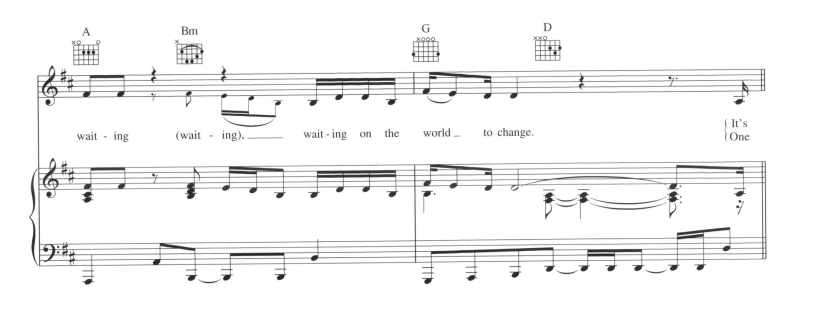

waiting (wait-ing), ____ wait-ing on the world __ to change.

{ It's
{ One

hard to beat __ the sys - tem
day our gen - er - a - tion

when we're stand - ing at ____ a dis - tance. So we keep
is gon - na rule the pop - u - la - tion. So we keep on }

To Coda II

D.S. al Coda I

wait - ing (wait - ing), ____ wait - ing on the world __ to change.

Now,

143

Coda I

bend it all __ they want. That's why we're wait - ing (wait - ing), __ wait-ing on the

world __ to change. We keep on wait - ing (wait - ing), __ wait-ing on the

world __ to change. It's not that we don't care; __ we just know __

__ that the fight ain't fair. __ So we keep on wait - ing (wait - ing), __ wait-ing on the

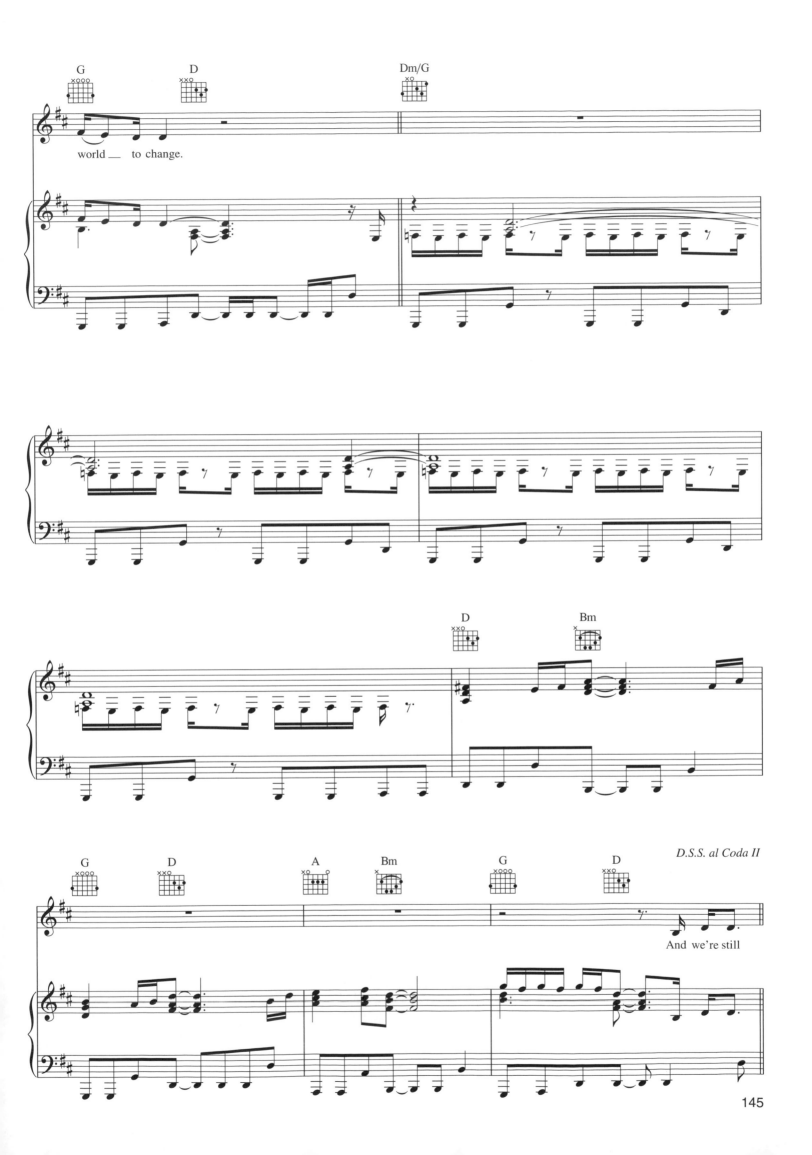

world ___ to change.

D.S.S. al Coda II

And we're still

145

Coda II

world __ to change. I know we keep on wait - ing (wait - ing), _____ wait - ing on the

world __ to change. We keep on wait - ing (wait - ing), _____ we're wait - ing on the

world __ to change, wait - ing on the world __ to change, wait - ing on the

world __ to change, wait - ing on the world __ to change.

Who Says

Words and Music by
John Mayer

% Dsus2   G   D/F#   Em7

Who says I can't ___ be free ___ from all of the things that I
Who says I can't ___ take time, ___ meet all the girls in the
Who says I can't ___ get stoned, ___ plan a trip to Ja -

A   A#°7   Bm7   E7

used to be? ___   Re - write ___ my his - to - ry.   Who ___
coun - ty line? ___   Wait on fate ___ to send a sign.   Who ___
pan a - lone? ___   Does - n't mat - ter if I e - ven go.   Who ___

G   A   Dsus2   To Coda ⊕

___ says I can't be free?
___ says I can't take time?
___ says I can't get stoned?   It's been a long ___

G   D/F#   A

night ___ in New ___ York Cit - y.

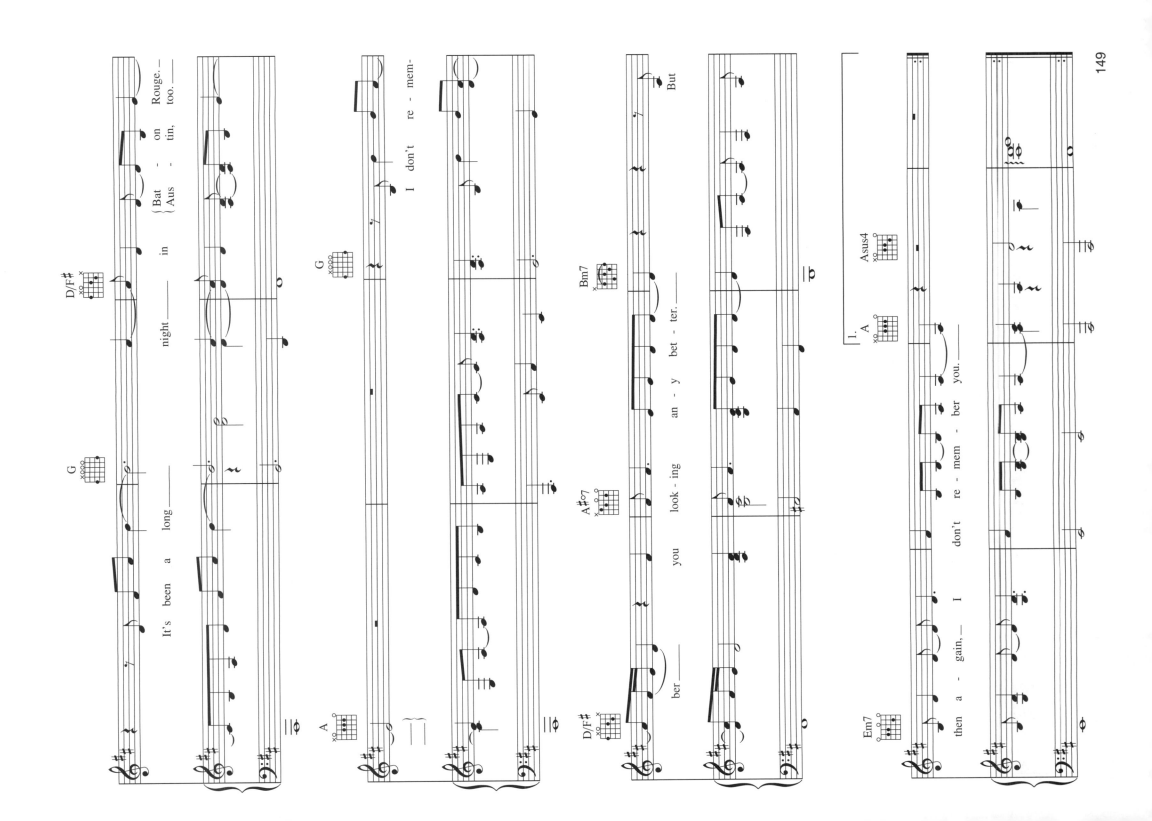

149

150

Why Georgia

Words and Music by
John Mayer

Moderate Rock

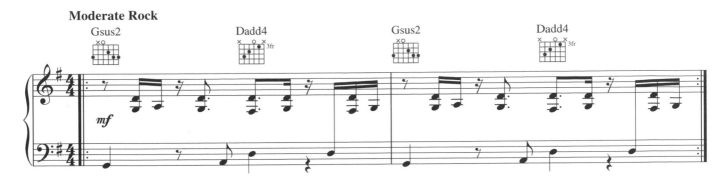

I ____ am driv - ing ____ up   Eight - y - five in ____ the
Four ____ more ex - its ____ to   my ____ a - part - ment, __ but

kind ____ of morn - ing ___ that   lasts ____ all af - ter - noon. __
I ____ am tempt - ed ____ to   keep ____ the car in ___ drive, __

I'm just stuck in - side __ the gloom. __
and leave it all __ be - hind. __

Be - cause I _____ won - der some - times __

a - bout __ the out - come of a still _____ ver -

dict - less ____ life. ____

liv - ing it right? ____

liv - ing it right? ____

liv - ing it right? ____

why, _____ Geor - gia, why? ____

I rent _____ a room and ___ I fill _____ the spac - es ____ with

Gsus2 Dadd4 Em

Still, "ev - 'ry - thing hap -

D/F# G5

pens for _____ a rea - son" is no _____ rea -

A7sus4

son not to ask my - self if I'm

D A G

liv - ing it right? _____ Am I

D
A
Em7
liv - ing it right?
Am I
D
A
G
liv - ing it right?
Why,
F
Fmaj7
F
Fmaj7
tell me why,
why,
F
Fmaj7
F
C
G
why,
Geor - gia, why?

Your Body Is a Wonderland

Words and Music by
John Mayer

You frus - trate __ me. __ I know you're mine, all ____ mine, all __ mine, __ but you look __ so good, __ it hurts __ some - times.

Dm9

1.

2.

F5/D